AF232521

DIALOGUES

ENTRE

LA PHILOSOPHIE ET LA MÉDECINE

REVUE

DE TOUS LES SYSTÈMES DE MÉDECINE.

Philosophia scientia scientiarum.
(César DE ROCHEFORT. *Dict. génér. et curieux.*)

Scientia rem ratione per causas cognoscere.
(ISIDORUS.)

Medicina est sapientia, medicus enim vir sapiens et philosophus.
(HIPPOCRATES. *Lib. de decenti ornatu.*)

VANNES

IMPRIMERIE DE J.-M. GALLES, RUE DE LA PRÉFECTURE.

1860.

La philosophie est la science des sciences : c'est la connaissance de toutes les connaissances susceptibles d'être acquises.

Elle est naturelle ou artificielle. Elle est naturelle quand elle paraît à l'âge de raison par les recherches que l'homme fait par la curiosité qui le porte à connaître les choses, surtout celles qui l'intéressent le plus ; elle se perfectionne avec l'intelligence.

Elle est artificielle quand elle est perfectionnée par l'étude de la nature, par les leçons des hommes instruits.

C'est l'amour de la sagesse, c'est l'amour de la science, c'est l'amour de la vérité, c'est l'amour de Dieu. *Plato, ait S. Augustinus, vult philosophum esse amatorem Dei.*

Bacon est l'homme qui a donné à la philosophie sa véritable direction ; il a enseigné qu'on ne connaît rien si l'on ne connaît pas la théorie des causes et des effets. « Pour savoir véritablement les » choses, dit Bacon, il faut en connaître les causes. Il n'est pas » vraisemblable qu'on puisse savoir véritablement une chose avant » que l'esprit ne soit entièrement affermi dans l'explication de ses » causes. » (Nov. organ. lib. ii, aph. 2.)

Aussi Isidore nous dit : la science, c'est connaître une chose par ses causes. « Les sciences physiques, ainsi que les physiologiques, » dit Bichat, se composent de deux choses : 1º de l'étude des phé- » nomènes qui sont les effets ; 2º de la recherche des connexions qui

» existent entre ces phénomènes et les propriétés physiques ou
» vitales qui sont les causes. » (Bichat, anat. génér. consid. génér.,
pag. 37.)

« Malgré l'intelligence heureuse dont la nature m'a doué, dit
» Galien, je n'eus rien fait de beau ni de grand sans le concours de
» la philosophie avec la médecine, laquelle n'est en effet que la
» philosophie appliquée aux êtres organiques. » (Vie de Galien.)

La philosophie va nous démontrer comment les médecins entendent
ses principes.

LE VEUX.

DIALOGUES

ENTRE

LA PHILOSOPHIE ET LA MÉDECINE,

REVUE DE TOUS LES SYSTÈMES DE MÉDECINE.

LA PHILOSOPHIE.

Madame, vous savez que la médecine est une branche de la philosophie, la science des sciences; vous savez que la philosophie est l'élève de la nature, que ses principes sont puisés dans la nature et que c'est dans la nature que la médecine doit puiser ses principes.

LA MÉDECINE.

Je sais, Madame, que la médecine sans la philosophie est un art imposteur; je sais qu'elle ne peut puiser ses principes que dans la nature qui seule possède la vérité, la science, et que hors la nature on ne rencontre que l'opinion qui est une erreur et qui ne peut conduire qu'à l'erreur, *scientia facit scire, opinio facit ignorare.* (HIPPOC. Lib. de lege.)

LA PHILOSOPHIE.

Nous voilà, Madame, d'accord sur la source où la médecine doit puiser ses principes : elle ne peut les puiser que dans la nature qui seule possède la vérité, la science, et que tout principe médical qui n'est pas puisé dans la nature est une erreur.

LA MÉDECINE.

Je souscris, Madame, à la vérité que vous proclamez, je lui rends un hommage complet; oui, Madame, c'est dans la nature, et dans la nature seule, que la médecine doit puiser ses principes, et tous les principes qui ne

1

sont pas puisés dans la nature et confirmés par l'expérience, quoique défectueuse et dangereuse, *experientia periculosa* (HIPP. Aphor. 1), ne sont que des erreurs. Mais, Madame, les hommes s'éloignent souvent de la nature; très-souvent ils donnent carrière à leur imagination et marchent plus souvent dans le sentier de l'opinion que dans celui de la nature. Les trois quarts ne savent même pas quelle signification on doit donner à ce terme nature. Van Helmont a dit aux médecins : la nature n'est que la volonté de Dieu, selon laquelle volonté chaque être est ce qu'il doit être et accomplit ce qu'il doit accomplir.

LA PHILOSOPHIE.

Madame, pour comprendre la signification de ce terme nature, il faut savoir que Dieu est le créateur de tout ce qui a existé, de tout ce qui existe et de tout ce qui existera; il faut savoir que Dieu a donné à tous les êtres des propriétés qui leur sont essentielles, qui les constituent; il faut savoir que l'état naturel de ces propriétés est l'état d'inertie, état duquel elles ne sont tirées que par l'action des agents propres à produire ce résultat et que l'on nomme causes occasionnelles, *nihil suî motrix;* il faut savoir que les modifications produites par les causes occasionnelles dans ces causes premières, dans ces propriétés des êtres, ne roulant que dans le cercle d'une seule et même propriété, sont nécessairement toujours les mêmes, ne pouvant différer qu'en degrés. Ainsi un végétal possède la végétabilité, la cause première de la végétation, cause première qui est développée par l'eau, les sels de la terre, la chaleur, causes occasionnelles; eh bien! ce développement ne peut jamais être qu'une végétation plus ou moins énergique. Donc, si nous découvrons dans un végétal un résultat qui n'est pas la végétation, il ne faut pas l'attribuer au développement de la végétabilité; mais au développement d'une autre propriété. — Il faut savoir que l'action des causes occasionnelles sur les propriétés, sur les causes premières, épuise plus ou moins ces propriétés, et que leur épuisement complet est l'anéantissement de l'être. — Il faut savoir qu'un être peut avoir plusieurs propriétés, et que le développement d'une nouvelle propriété peut succéder à l'épuisement d'une autre propriété. Ainsi, les fibres qui composent un tissu, sont susceptibles d'être écartées les unes des autres, en conservant leur intégrité, leur force de cohérence, leur continuité, c'est l'extensibilité; mais cette continuité des fibres est susceptible d'être détruite par des agents extenseurs trop violents, c'est la divisibilité de continuité, la solubilité de continuité. Donc, à l'épuisement de l'extensibilité par un agent extenseur trop fort, succède le développement de la divisibilité, une solution de continuité. C'est ce phénomène que l'ignorance, l'opinion, nomme altération, que Charles Nodier nomme changement de bien en mal. Altération! altération de quoi? altération d'une propriété qui n'existe plus! les propriétés des êtres ne s'altèrent pas, elles existent ou elles n'existent pas, elles existent à l'état d'inertie ou à l'état de développement. Quand une cause occasionnelle est trop forte, elle n'altère pas la propriété sur laquelle elle agit, elle l'épuise, et cette propriété n'existe plus, et une autre propriété est développée, et c'est le développement de la nouvelle propriété que l'on nomme altération de celle qui n'existe plus. Que signifient ces termes, changement de bien en mal? le bien ne peut pas plus devenir mal, que le mal devenir bien; mais le bien peut cesser d'exister et le mal peut surgir sur ses débris. Ce terme, nature, signifie donc la constitution des êtres, leurs propriétés, qui sont tou-

jours les mêmes dans leur état d'inertie, et dans leur état
dé développement qui est toujours le même dans chaque
propriété ; parce que ce développement ne roule que dans
le cercle d'une seule et même propriété. — C'est Dieu
qui a donné aux êtres leurs propriétés, propriétés qui
leur sont essentielles, propriétés qui ne peuvent avoir
des caractères opposés, qui ne peuvent s'altérer ; c'est
Dieu qui a destiné ces propriétés à être développées
par les causes occasionnelles qui environnent les êtres
qui possèdent ces propriétés. Chaque propriété toujours
de même nature, le développement de chaque propriété
toujours de même nature, est toujours le même, ne
pouvant différer qu'en degrés, et les degrés ne roulant
que dans le cercle d'une seule et même propriété, ne
sauraient changer la nature, la constitution de cette
propriété ; la nature des choses est immuable, chaque
propriété est toujours la même, elle est ce qu'elle doit
être en vertu de la volonté de Dieu ; le développement
de chaque propriété est toujours le même suivant la
volonté de Dieu ; chaque développement accomplit ce
qu'il doit accomplir, et ne saurait jamais accomplir le
contraire, Dieu ne le veut pas, la chose n'est pas possible ; parce que ce n'est pas dans la nature de la
propriété, Dieu ne l'a pas voulu. Ainsi , Van Helmont
a dit avec juste raison, la nature n'est que la volonté
de Dieu, selon laquelle chaque être est ce qu'il doit
être, possède les propriétés qu'il a plu à Dieu de lui
donner, et accomplit ce qu'il doit accomplir, accomplit
par le développement de ses propriétés, développement
qui est toujours le même dans chaque propriété ,
accomplit ce qu'il est destiné à accomplir suivant la
nature de ses propriétés. Les êtres physiques, les
minéraux, possèdent des propriétés physiques, la gra-
vité, l'élasticité, etc. Les êtres organiques possèdent

aussi des propriétés physiques, mais ils possèdent en plus des propriétés vitales, la sensibilité et la motilité organiques : les végétaux ; la sensibilité et la motilité organiques, la sensibilité et la motilité animales, l'irritabilité, l'instinctibilité : les animaux ; la sensibilité et la motilité organiques et animales, l'irritabilité, l'instinctibilité, l'intellectibilité : l'homme. N'oublions pas que les propriétés des êtres sont inaltérables, ne sauraient changer de nature, changer d'essence ; les essences des propriétés sont immuables. N'oublions pas que le développement d'une seule et même propriété ne peut jamais avoir deux caractères opposés, que ce développement ne peut différer qu'en degrés, et que les degrés de développement ne sauraient changer la nature de ce développement.

LA MÉDECINE.

Madame, vos principes sont les miens ; mais ce ne sont pas les principes de mes élèves : tous abandonnent la nature pour l'opinion ; mais, pour ces opinionistes, il existe des circonstances atténuantes : ils professent, leurs livres professent ce qui leur a été enseigné et ce que l'on enseignera ; car on s'occupe peu de la conservation des hommes, on s'occupe peu des véritables principes de médecine.

LA PHILOSOPHIE.

Madame, permettez-moi de démontrer la fausseté, j'allais dire l'absurdité, de tous ces principes que les médecins professent : 1° ils professent que les propriétés vitales, la sensibilité et la motilité sont des attributs de la vie, tandis que la vie est le résultat de l'action des causes impressionantes sur les propriétés vitales, tandis que la vie est un état factice, un phénomène, et que les propriétés vitales sont les causes premières de la vie, causes premières qui ne peuvent rien sans l'action des puissances stimulantes. Aussi Brown dit, avec raison : *vita est in stimulo*. Si la vie était une propriété de l'homme, elle serait essentielle à l'homme, elle serait inséparable de l'homme, pendant que l'homme mérite le titre d'homme ; car les propriétés sont inséparables des êtres qui les possèdent ; ainsi la suspension de la vie, l'asphyxie serait impossible. Si les propriétés vitales étaient des attributs de la vie, quand la vie est suspendue, l'homme ne posséderait pas de propriétés vitales, et si l'asphyxié ne possédait pas ses propriétés vitales comment pourrait-on le rappeler à la vie, car *priùs est posse esse, quàm esse*, avant d'être il faut pouvoir être ?

Professer que les propriétés vitales sont des attributs de la vie, c'est professer que la mobilité est l'attribut du mouvement : 2° ils professent que l'homme ne possède qu'une sensibilité organique et une sensibilité des sens, une sensibilité animale. Ils avouent qu'il est de l'essence de la sensibilité organique de ne pas donner à l'homme le sentiment de son exercice. Ils avouent que les organes des sens sont ceux qui donnent le sentiment de la vue, de l'ouïe, de l'odorat, du goût, du tact ; ils avouent que l'estomac, les intestins, etc., ne sont pas des organes des sens ; ils avouent que la sensibilité animale, la sensibilité des sens, est la source des sensations agréables. Quand un homme éprouve des sensations douloureuses dans l'estomac, les intestins, etc., on ne peut pas les attribuer à la sensibilité organique, parce qu'il est de l'essence de cette sensibilité de ne pas donner à l'homme le sentiment de son exercice ; on ne peut pas l'attribuer à la sensibilité des sens, parce que l'estomac, les intestins ne sont pas des organes des sens, et puis, puisque la sensibilité animale, la sensibilité des sens, est la source des sensations agréables, elle ne peut être la source des sensations douloureuses ; rien n'existe avec deux caractères opposés. Ces sensations qu'on éprouve dans l'estomac, dans les intestins ne pouvant être attribuées ni à la sensibilité organique, ni à la sensibilité des sens, sont donc des effets sans causes ?

LA MÉDECINE.

Madame, il est malheureusement vrai que les médecins n'admettent qu'une sensibilité organique et une sensibilité animale. Ils n'admettent que ces deux sensibilités, ces causes premières de la vie physiologique, de l'état de bien-être, de l'état de santé. Mais ils ne sont pas embarrassés pour trouver une explication aux sensations douloureuses : les sensations douloureuses, disent-ils, ont pour causes les irritations, *ubi dolor, ibi irritatio.* Nous savons que l'irritation n'est rien autre chose que le développement de l'irritabilité ; mais, pour eux, l'irritabilité est un mot et l'irritation, la vie pathologique, comme la vie physiologique, est un effet sans cause première ; je dis sans cause première, car, s'ils ne reconnaissent pas l'irritabilité, ils admettent des puissances irritantes. Ils ne réfléchissent pas que ces termes, puissances irritantes, irritation, supposent irritabilité, sensibilité pathologique, cause première de l'irritation, car *priùs est posse esse, quàm esse.* — Sans doute que les sensations douloureuses sont dues à l'irritation, mais les médecins n'ont aucune idée de l'irritation, de la vie pathologique, pas plus que la vie physiologique. Ils définissent l'irritation, l'altération des propriétés vitales physiologiques, mais cette définition est absurde : 1° parce que les propriétés vitales, comme toutes les propriétés, sont inaltérables ; 2° parce qu'il n'existe pas de propriétés vitales physiologiques, les seules qu'ils admettent, dans le domaine de l'irritation ; 3° parce qu'ils professent que les propriétés vitales sont des attributs de la vie, et qu'ils professent que la prétendue altération des propriétés vitales physiologiques, qui n'existent plus, n'est qu'un résultat de l'irritation. Voici la doctrine à ce sujet : « Une partie est-elle irritée d'une manière » quelconque, *aussitôt sa sensibilité organique s'altère,* » *elle augmente..... d'organique qu'elle était, elle devient* » *animale.* » (BICHAT, anat. génér. système capill. pag. 496-498.) La prétendue altération de la sensibilité organique, qui est inaltérable, est donc un résultat et non une cause : aussitôt ! puisque la prétendue altération de la sensibilité organique est supposée consécutive à l'irritation, l'irritation existe avant l'altération, l'irritation ne peut donc pas être définie une altération des propriétés vitales, c'est un effet sans cause première. Mais cette sensibilité organique altérée, augmentée, devenue animale, pourquoi occasionne-t-elle des sensations douloureuses ? c'est que cette sensibilité devenue animale est aussi altérée comme sensibilité animale : « La douleur et » ses innombrables modifications ne sont-elles pas au- » tant d'altérations diverses de la sensibilité animale. (BICHAT, anat. génér. consid. génér. pag. XIV.)

Voilà bien des altérations dans une propriété inaltérable !

LA PHILOSOPHIE.

Comme vous le dites, Madame, les médecins professent qu'il y a altération des propriétés vitales physiologiques dans l'irritation. Comme vous venez de le dire, il n'existe pas de propriétés vitales physiologiques dans l'irritation, et les propriétés des êtres sont inaltérables. Comme vous le dites, les médecins qui professent que les propriétés vitales physiologiques sont des attributs de la vie physiologique, professent que

les prétendues altérations des propriétés vitales physiologiques sont les attributs de la vie pathologique, de
l'irritation : une partie est-elle irritée, aussitôt la sensibilité organique s'altère. Ainsi, l'irritation, la vie pathologique, comme l'excitation, la vie physiologique, sont
des effets sans causes, suivant les médecins. Nous
savons que l'état naturel des propriétés vitales, comme
de toutes les propriétés des êtres, est l'état d'inertie.
Nous savons que ces propriétés des êtres sont inaltérables, que ces propriétés ne peuvent être que plus
ou moins développées par les causes occasionnelles,
les causes propres à les développer ; nous savons que
ces causes occasionnelles, qui ont la puissance de
développer les causes premières, les propriétés des
êtres, ont aussi la puissance de les épuiser, et que cet
épuisement complet est la mort. Nous savons donc que
les propriétés des êtres ont des bornes au-delà desquelles
elles n'existent plus. Ainsi, quand les puissances stimulantes qui agissent sur la sensibilité physiologique
sont trop fortes, elles développent, épuisent rapidement
cette sensibilité, et développent l'irritabilité, sensibilité pathologique, qui était à l'état d'inertie, à l'état
latent, et deviennent puissances irritantes. Il n'existe
aucune discussion à ce sujet, car les médecins admettent
des puissances irritantes, admettent l'irritation ; ils sont
donc forcés d'admettre l'irritabilité, car un résultat ne
peut pas avoir lieu sans cause première, c'est un axiome
priùs est posse esse, quàm esse. Ne voit-on pas que
l'irritation n'a rien de commun avec l'excitation ; ne
voit-on pas que le développement de l'irritabilité, sensibilité pathologique, n'a rien de commun avec le développement de l'excitabilité, sensibilité physiologique ; ne
voit-on pas que l'irritation produit une sensation dou-
loureuse, tandis que l'excitation produit des sensations

agréables; ne voit-on pas que l'irritation produit dans
les fibres des extensions permanentes, en vertu desquelles il existe dans les parties irritées afflux de
liquides, stagnation de ces fluides, gonflement des
parties; ne voit-on pas que l'irritation produit des
fluides irritants; ne voit-on pas qu'il n'existe pas de
réaction dans les fibres irritées, parce que les extensions
permanentes s'opposent au développement de la contractilité, à l'existence de la contraction, et que, sans contraction, il n'y a pas de réaction. Ne voit-on pas que
l'irritation enlève aux organes sympathiques leurs fluides
nourriciers, et souvent les irrite par les tiraillements
qu'elle y produit; tandis que l'excitation produit des
sensations agréables dans les organes des sens, que
l'excitation produit dans les fibres des extensions et des
contractions alternatives, en vertu desquelles les fluides
sont distribués convenablement dans l'organisme; ne
voit-on pas que l'excitation produit des fluides propres
à lubrifier les organes, à les soulager? ne voit-on pas
que l'excitation produit des réactions convenables,
tandis que les réactions qui peuvent exister dans les
organes irrités ne sont dues qu'à l'excitation des
organes voisins? ne voit-on pas que l'excitation dis-
tribue aux organes sympathiques des ressources? bref,
ne voit-on pas que l'excitation est une force libérale,
une force protectrice, tandis que l'irritation est une
force égoïste, despotique? Ne voit-on pas que le rhythme
des fonctions de l'irritation n'a rien de commun avec le
rhythme des fonctions physiologiques, des fonctions de
l'excitation.—On dit que le rhythme des fonctions physiologiques est troublé dans l'irritation. Il n'est pas
troublé, il n'existe plus. L'irritation a son rhythme
comme l'excitation a le sien; l'irritabilité et l'irritation
sont dans la nature comme l'excitabilité et l'excitation;
la pathologie est dans la nature comme la physiologie.

LA MÉDÉCINE.

Voilà, Madame, un enseignement complet; mais les hommes n'en tiendront aucun compte, comme l'a dit François Arago : « Celui qui sème une pensée dans le » champ des préjugés, des intérêts privés de la routine, » ne doit jamais compter sur une moisson prochaine. » Néanmoins, c'est à nous de semer; la routine, les préjugés ne doivent avoir aucune influence sur nous.

Voici donc la doctrine médicale :

L'homme possède une sensibilité et une motilité organiques, causes premières de la vie physiologique organique. L'état naturel de ces propriétés est l'état d'inertie, l'état de repos, l'état d'inaction; mais ces propriétés sont destinées à être développées, à être mises en action par les puissances stimulantes qui agissent sur elles; alors ce sont des facultés, alors elles deviennent les causes prochaines de la vie physiologique organique, les causes prochaines des fonctions physiologiques organiques.

Il est de l'essence de l'exercice des propriétés vitales organiques de ne jamais donner à l'homme la perception, le sentiment de cet exercice. Donc, jamais cet exercice ne saurait donner le sentiment de son existence; car les essences des choses, les essences des facultés comme des propriétés sont immuables; car les facultés, comme les propriétés, ne roulent que dans le cercle de la même faculté, de la même propriété. Il ne peut exister dans une faculté, dans une propriété que des degrés, et les degrés, plus ou moins, ne changent pas la nature des choses.

Donc, jamais la sensibilité organique ne peut devenir sensibilité animale. L'homme possède une sensibilité et une motilité animales, causes premières de la vie animale, de la vie de relation, de la vie physiologique animale.

L'état naturel de ces propriétés est l'état d'inertie, l'état d'inaction ; mais ces propriétés sont destinées à être mises en action par les puissances stimulantes qui agissent sur elles ; alors ce sont des facultés, alors elles deviennent les causes prochaines de la vie physiologique animale, les causes prochaines des fonctions physiologiques animales.

Il est de l'essence de l'exercice des propriétés vitales animales de donner toujours à l'homme la perception, le sentiment de cet exercice ; aussi la sensibilité animale se nomme-t-elle perceptibilité, et son développement, perception. Les perceptions reçues sont indifférentes ou agréables, et, par conséquent, jamais ces perceptions ne sauraient devenir des sensations douloureuses ; car aucune propriété ne peut posséder deux caractères opposés, aucun développement d'une même propriété ne peut posséder des caractères opposés ; car les développements d'une seule et même propriété, ne roulant que dans le cercle d'une seule et même propriété, ne peuvent différer qu'en degrés d'intensité. Or, on doit savoir que les degrés ne changent jamais la nature des choses.

Donc, quand nous découvrons des effets opposés, nous devons conclure qu'il a été développé des propriétés d'une nature opposée, d'un caractère opposé.

Donc, jamais le développement de la sensibilité animale physiologique ne saurait donner des sensations douloureuses. L'homme éprouve très-souvent des sensations douloureuses ; on ne peut attribuer ces sensations douloureuses ni au développement de la sensibilité organique, ni au développement de la sensibilité animale ; on ne peut les attribuer à l'altération de la sensibilité organique devenue sensibilité animale, car l'altération des propriétés ne peut exister, car la sensibilité organique ne saurait jamais devenir sensibilité animale. On ne saurait les attribuer à l'altération de la sensibilité animale, car cette altération est impossible : les essences des propriétés ne sauraient changer, ne sauraient s'altérer.

L'homme possède donc, outre la sensibilité organique et la sensibilité animale, la perceptibilité, sensibilités physiologiques, causes premières de l'état de santé; l'homme possède donc une troisième sensibilité, une sensibilité pathologique, la cause première de toutes les douleurs que nous éprouvons, sensibilité qui est l'irritabilité, que développent les puissances stimulantes excessives, les puissances irritantes, et dont le développement est l'irritation. Comment se fait-il que tous les médecins reconnaissent des puissances irritantes, reconnaissent l'irritation, et ne reconnaissent pas l'irritabilité? Cependant on rencontre quelquefois ce terme dans les ouvrages de médecine. Voici ce qu'ils entendent par ce terme irritabilité : « la contractilité organique sensible ou l'irritabilité, » (BICHAT, anatom. génér. considér. génér. pag. XLI.) Ainsi, l'irritabilité n'est même pas une sensibilité, la cause première, la cause première unique de nos douleurs n'est même pas une sensibilité !

L'irritabilité, comme toutes les propriétés des êtres, n'est que la cause première de l'irritation, son état naturel est l'état d'inertie, état dont elle n'est tirée que par l'action des puissances stimulantes qui ont préalablement épuisé la sensibilité physiologique, puissances qui se nomment alors puissances irritantes, par cette raison qu'elles ont développé l'irritabilité; comme les agents que l'on nomme extenseurs, tandis qu'ils ne développent que l'extensibilité, se nomment agents diviseurs quand ils produisent une solution de continuité. Le domaine de l'irritabilité, comme celui de la sensibilité organique est général, il est dans tout l'organisme; mais, dès qu'il n'existe plus de communication entre une partie et le cerveau, on ne peut développer l'irritabilité dans cette partie, tandis que la sensibilité organique peut toujours y être développée; preuve évidente que ces deux propriétés ne sont pas de même nature. Quant à la sensibilité animale physiologique, elle n'existe que dans les organes des sens. L'état naturel de l'irritabilité est l'état d'énertie; mais cette propriété, comme toutes les propriétés des êtres, est destinée à être tirée de cet état par l'action des causes occasionnelles de la vie pathologique. L'irritabilité est une sentinelle assoupie placée par la sagesse éternelle sur les confins de la sensibilité organique, afin que, développée, réveillée par toute puissance ennemie, elle avertisse l'homme, par un sentiment douloureux, du péril qui le menace.

LA PHILOSOPHIE.

Madame, voilà des principes puisés dans la nature. Me direz-vous, Madame, le *modus agendi* des puissances stimulantes sur les propriétés vitales ?

LA MÉDECINE.

Madame, l'homme ne connaîtra jamais l'essence intime des propriétés vitales et ne saurait connaître le *modus agendi* des puissances stimulantes sur ces propriétés; aussi est-il réduit à se servir des termes, développer, réveiller, épuiser. Il sait seulement que ces puissances métamorphosent une quantité plus ou moins considérable de l'état d'inertie, de l'état de *posse esse*, en *esse*, il sait seulement que ces puissances épuisent plus ou moins ces propriétés, et cela suffit. «De cette ignorance

» dans laquelle nous sommes sur la nature des propriétés
» vitales, disait le professeur Richerand (nouv. élém.
» de physiologie, prolégom. pag. 14), on aurait tort
» de conclure que la physiologie est une science incer-
» taine; sa certitude est, sous ce rapport, égale à celle
» de toutes les autres parties de la physique; le chimiste
» qui explique toutes les combinaisons par l'affinité,
» l'astronome qui trouve dans l'attraction la cause ré-
» gulatrice de l'univers igorent absolument la nature
» de ces propriétés. »

LA PHILOSOPHIE.

Madame, je comprends que l'on peut être bon physiologiste sans connaître la nature, l'essence intime
des propriétés vitales; mais nous avons démontré que
les médecins ne les connaissent pas du tout. On ne peut
donc pas mettre au même niveau les sciences physiologiques et les sciences physiques; « pour mettre au même
» niveau ces deux sciences, il est évidemment nécessaire,
» dit Bichat (anat. génér. considér. génér. pag. XI),
» de se former une juste idée des propriétés vitales. Si
» leurs limites ne sont pas rigoureusement assignées,
» on ne peut, avec certitude, analyser leur influence.»
Je sais bien que le professeur Richerand dit : « Les idées
» fausses que l'on s'est formées de la vie tiennent à ce
» que, ne voulant point la considérer comme un simple
» résultat, les physiologistes l'ont perpétuellement con-
» fondue avec les propriétés vitales. Celles-ci sont causes,
» celle-là n'est qu'un effet.» (RICHERAND, considér. génér.
pag. 13.) Mais Richerand ne connaissait pas plus que
les autres physiologistes les propriétés vitales, ne se
formait pas une juste idée de ces propriétés, n'en connaissait pas les limites, et définissait l'inflammation,
l'augmentation de toutes les propriétés vitales dans la

partie qui en est le siége. (RICHERAND, prolégom. pag. 91.) Richerand plaçait ces propriétés vitales avant la vie; mais il n'admettait que la sensibilité organique et la perceptibilité, dont l'augmentation prétendue constituait l'inflammation. Je conclus qu'il y avait moins d'erreur chez Richerand; mais il y en avait trop pour mettre sa science au même niveau que la chimie et la physique.

LA MÉDECINE.

Madame, je n'ai voulu que démontrer que, sans connaître la nature intime des propriétés vitales, le médecin pouvait connaître assez ces propriétés, en avoir une idée suffisante pour pouvoir devenir bon physiologiste; comme celui qui ne connaît pas la nature de l'affinité, de l'attractilité, peut devenir bon chimiste, bon astronome; mais je n'ai jamais prétendu que l'on puisse connaître un art sans en connaître les principes.

LA PHILOSOPHIE.

Nous concluons donc avec le docteur Malgaigne, membre de l'Académie impériale de médecine de Paris, séance du 8 janvier 1856 : « Il y a absence complète de » doctrines scientifiques en médecine, absence de prin- » cipes dans l'application de l'art, empirisme partout : » voilà l'état de la médecine. »

LA MÉDECINE.

L'ignorance de mes élèves me force, Madame, à souscrire à votre conclusion.

LA PHILOSOPHIE.

Madame, je sais que l'on parle beaucoup du système médical de J. Brown; aurez-vous l'obligeance de me dire ce que vous en pensez?

LA MÉDECINE.

Le système de J. Brown, quant à la physiologie, est puisé dans la nature ; mais, quant à la pathologie, c'est une opinion, c'est une erreur. Voici sa physiologie : « Le corps, l'organisme, par corps, dit Brown, je n'en » tends pas simplement le corps, abstraction faite de » l'esprit, de l'âme, mais l'ensemble appelé commu- » nément système, le corps, l'organisme est susceptible » d'être affecté par les choses externes et par certaines » actions qui lui sont propres, de manière que ses » fonctions, attributs essentiels de la vitalité, s'exé- » cutent. » N° 10. — « La propriété par laquelle » agissent ces deux genres d'influences s'appellera in- » citabilité, et ces influences se nommeront puissances » incitantes. » N° 14. — « J'appellerai incitation l'effet » de l'impression des puissances incitantes sur l'incita- » bilité. » N° 16.

« Comme ces puissances incitantes paraissent toutes » douées d'une certaine activité, je les appellerai sti- » mulantes. » N° 17. — « On ne sait ce que c'est que » l'incitabilité, ni comment elle est affectée par les » puissances incitantes ; mais quelle que soit cette pro- » priété, l'être qui commence à vivre en est pourvu à » certain degré....... Je dirai que l'incitabilité abonde » quand on lui applique peu de stimulus, puissances » stimulantes ; que d'autres fois elle manque, elle est » épuisée ou consumée, lorsque le stimulus a été trop » violent. » N° 18. — « L'incitation est la cause pro- » chaine de la vie. » N° 25. — « La vie est un état forcé ; » tous les êtres vivants tendent à leur destruction. » N° 72. Voilà, Madame, les véritables principes de physiologie. Mais Brown, en ne reconnaissant que l'incitabilité, va tomber dans le domaine de l'opinion, va s'écarter de la

BIBLIOTHÈQUE IMPÉRIALE

nature, va suivre le sentier de l'erreur. « L'incitation,
» dit Brown, est proportionnelle à la force du stimulus :
» modérée, elle donne la santé; trop forte, elle produit
» les maladies qui résultent d'un excès de stimulus ;
» trop faible, elle cause celles qui consistent dans la
» débilité. L'incitation est la cause des maladies aussi
» bien que de la santé. » *No* 23.

Voilà Brown qui tombe dans l'absurde, voilà qu'il
donne à l'incitabilité deux caractères opposés, et à l'incitation des effets opposés, comme si les degrés d'incitabilité pouvaient changer la nature de cette propriété,
comme si les degrés d'incitation pouvaient changer la
nature de cette faculté! Les degrés, plus et moins, ne
sauraient changer la nature des propriétés, des facultés,
puisque ces degrés ne roulent que dans le cercle des
mêmes propriétés, dans le cercle des mêmes facultés.
L'incitation peut être faible, trop faible, et alors appa-
raissent les incapacités; elle peut être modérée, et alors
la santé est brillante; elle peut être forte, et alors le
sujet est dans une prédisposition aux maladies inflam-
matoires, il est dans cet état où il doit se défier de ses
forces; *suspecta habere sua bona debet,* dit Celse. Mais
il ne saurait exister une incitation excessive; Brown l'a
démontré lui-même : « L'incitation étant le résultat du
» stimulus des puissances incitantes sur l'incitabilité,
» et n'ayant pas lieu sans incitabilité, le stimulus et
» l'incitabilité se trouvent dans la proportion suivante :
» un stimulus moyen appliqué à une incitabilité mé-
» diocre ou demi-consumée produit la plus grande in-
» citation possible. Celle-ci devient à mesure d'autant
» moindre que le stimulus est trop fort, ou l'incitabilité
» trop accumulée, no 25. » Rien n'est plus clair que
ce passage de Brown : l'incitation est le développement
de l'incitabilité, la métamorphose d'une quantité d'inci-

tabilité en incitation. Donc l'accroissement de l'incitation est proportionnelle à l'épuisement, à la consumation de l'incitabilité. Donc quand l'incitation est forte, il y a peu d'incitabilité. Quand il y a peu d'incitabilité, qu'arrive-t-il? il arrive que l'incitabilité à demi-consumée est peu susceptible à l'action des stimulants, c'est-à-dire que les stimulants ont peu de prise sur elle.—Pour produire une incitation excessive, il faudrait un stimulus d'une énergie excessive, mais un stimulus d'une énergie excessive épuise excessivement l'incitabilité, l'épuise même complètement dans les points impressionnés, et développe l'irritabilité. Une incitation excessive, supposant un stimulus d'une énergie excessive, est impossible. Un stimulus d'une énergie excessive est un irritant et non un incitant. Personne n'a mieux démontré que Brown l'impossibilité d'une incitation excessive quand il a dit au n° 25 : « Un stimulus moyen appliqué à une incitabilité médiocre, produit la plus grande incitation possible. » Comment Brown a-t-il pu confondre l'irritation avec l'incitation? comment a-t-il pu confondre la cause prochaine de la maladie avec la cause prochaine de la santé? Il professe, n° 18, que l'incitabilité abonde, quand on lui applique peu de stimulus; que cette propriété manque, est épuisée, consumée, lorsque le stimulus a été trop violent, ce qui est l'exacte vérité; il a vu que, dans l'irritation, ce qu'il nomme incitation excessive, il y a excès de stimulus, et cependant, la sensibilité, qui devrait être épuisée, puisque le stimulus a été trop violent, est excessivement abondante. Il devait donc conclure : que la sensibilité qui règne alors n'est plus son incitabilité. Tous les phénomènes produits de l'irritation étant en opposition avec les phénomènes produits de l'incitation, il est surprenant que le génie de Brown ait échoué en cette matière!

Brown parle à peine de l'irritation. Voici ce qu'il en dit au n° 737 de ses Éléments de Médecine : « L'irritation est cet état dans lequel souvent tout l'organisme est affaibli sans l'intervention du plus léger stimulus. » Voici ce qu'il dit en note : « Quand le corps est affaibli, les incitants ordinaires qui, dans l'état de santé, le fortifient, produisent, quoiqu'à beaucoup moindre dose, des mouvements irréguliers qu'on attribue à l'irritation. Ce n'est pas que ces stimulants soient violents, c'est que l'excès ou le défaut d'incitabilité ne comporte pas ces stimulants qui, dans l'état sain, lorsque l'incitabilité est à demi consumée, auraient produit des mouvements énergiques. » Brown parle ici des irritations entées sur la faiblesse vitale, où ce n'est pas tant l'énergie du stimulus que l'état de débilité du sujet qui donne lieu au développement de l'irritabilité. Mais, que l'irritation soit entée sur la force vitale, comme cela a lieu dans une fluxion de poitrine chez un homme vigoureux, ou soit entée sur la faiblesse vitale, comme cela arrive dans une fluxion de poitrine chez un sujet débile, dans tous les cas, le stimulus a été trop fort, a épuisé l'incitabilité et développé l'irritabilité dans les points impressionnés; dans tous les cas il y a abondance de sensibilité, et cependant il y a eu un stimulus excessif, et tout stimulus, absolument ou relativement excessif, épuise l'incitabilité; ce n'est donc pas l'incitabilité qui abonde dans les points impressionnés. Toutes les maladies sthéniques de Brown ne sont donc que des irritations entées sur la vie physiologique, toutes les maladies asthéniques nesont donc que des irritations entées sur la faiblesse vitale. Et puis, Brown ne reconnaît pas de maladies spécifiques; en conséquence, il n'admet pas de remèdes spécifiques, et ce sont ces maladies spécifiques et la privation des spécifiques, des médicaments spécifiques, qui font le désespoir des médecins. Ce que Brown a parfaitement défini, c'est la faiblesse directe, résultat du défaut de stimulus suffisant et caractérisée par l'abondance d'incitabilité, et la faiblesse indirecte, résultat de l'effet consécutif d'un fort stimulus et caractérisée par un épuisement d'incitabilité; voilà les sources des incapacités.

LA PHILOSOPHIE.

Madame, votre démonstration est complète, je suis surprise que Brown, qui avait de si beaux principes de physiologie, n'ait pas eu la moindre idée de l'irritation, n'ait même pas parlé de l'irritabilité, la cause première de l'irritation. Il suffisait à Brown de réfléchir que des effets opposés supposent nécessairement des causes premières opposées, le plus faible écolier en philosophie doit connaître ces choses-là. Brown ayant professé que l'incitabilité abonde quand on lui applique peu de stimulus, et qu'elle s'épuise quand le stimulus est fort, voyait que les sensations douloureuses, résultat de l'irritation, étaient la suite de stimulants trop forts, et il voyait que la sensibilité est très-abondante dans ces points impressionnés par des stimulants trop forts qui épuisent la sensibilité physiologique; la moindre réflexion lui eût démontré que cette sensibilité très-abondante, qui règne dans les points irrités, ne pouvait pas être son incitabilité, qui devait être épuisée par l'excès du stimulus. Brown devait savoir que les propriétés ont des bornes au-delà desquelles elles n'existent plus, et qu'à l'épuisement d'une propriété peut surgir le développement d'une autre propriété, comme à l'épuisement de l'extensibilité, succède la divisibilité, la solubilité de continuité. Voilà donc tous les systèmes de médecine à néant. Ce qui nous fait connaître que la thérapeutique n'est que de l'empirisme. Aurez-vous aussi la bonté, Madame, de me dire votre opinion sur Samuel Hahneman et sur l'homœopathie?

LA MÉDECINE.

Madame, les principes de médecine de Hahneman sont erronés comme ceux des médecins qu'il nomme allopathistes, et je parle par euphémisme. Suivant lui, la vie est une faculté constitutive de l'homme, inhérente à l'homme. Cette vie a pour attribut la sensibilité nerveuse présente partout, et au moyen de laquelle la force vitale perçoit les impressions dynamiques des puissances stimulantes. « L'organisme matériel, supposé sans force vitale, ne peut ni sentir, ni agir, ni rien faire pour sa propre conservation. C'est à l'être immatériel seul, qui l'anime dans l'état de santé et de maladie, qu'il doit le sentiment et l'accomplissement de ses fonctions vitales. (Organ. N° 10.) »

Sans doute l'organisme matériel sans propriétés ne peut pas sentir, il ne possède pas de sensibilité; l'organisme matériel est un cadavre. Que peut entendre Hahneman par l'être immatériel qui l'anime? Sans doute Hahneman n'entend pas l'âme immortelle emprisonnée dans l'organisme matériel ; car il sait que les arbres vivent, que les animaux vivent, et personne n'a pensé à doter ces êtres d'une âme immortelle. Hahneman entend-il par être immatériel, l'âme végétative, l'âme sensitive? Soit : mais l'âme végétative, l'âme sensitive n'animent rien. Les arbres asphyxiés pendant les froids de l'hiver conservent leur âme végétative, et cependant cette âme n'anime rien. Les animaux asphyxiés pendant les grands froids de l'hiver, le loir, la marmotte, etc., conservent leur âme végétative, leur âme sensitive, et cependant ces âmes n'animent rien. L'homme asphyxié conserve son âme immortelle, son âme végétative, son âme sensitive pendant l'asphyxie, et cependant ces âmes n'animent rien. Ce n'est donc pas l'être immatériel de Hahneman qui anime l'homme. Il n'y a rien dans l'homme qui anime cet être : *nihil suî motrix*. Tous les êtres organiques portent en eux-mêmes le principe, la cause première de leur activité, de leur animation ; mais aucun ne porte en lui-même la faculté vitale. La vie n'est rien autre chose que le résultat de l'action des puissances stimulantes sur les propriétés vitales qui ne sont que le principe de la vie ; bref, la vie n'est qu'un effet, un résultat. Aussi Brown a proclamé une grande vérité quand il a dit : *vita est in stimulo.*

Je continue : « Quand l'homme tombe malade, cette force immatérielle, active par elle-même et partout présente dans le corps, est, au premier abord, la seule qui ressente l'influence dynamique de l'agent hostile à la vie. Elle seule, après avoir été désaccordée par cette perception, peut procurer à l'organisme les sensations désagréables qu'il éprouve, et le pousser aux actions insolites que nous appelons maladies. (Organ. *N*o 11.) » « La force vitale, dit Hahneman, est active par elle-même, la force vitale tire son activité du stimulus qui a donné de l'activité à l'excitabilité, du stimulus qui a métamorphosé l'excitabilité en excitation. Cette force vitale, continue Hahneman, est la seule qui ressente l'influence de l'agent hostile à la vie ; » 1o la force vitale est un produit, un résultat, une modification produite, un effet, et les effets ne ressentent pas l'influence des causes occasionnelles ; les causes premières, les propriétés vitales seules les ressentent. 2o La force vitale dans l'état de maladie n'est pas la même que celle qui existe dans l'état de santé ; cette force vitale de l'état de santé n'existe plus, parce que ses propriétés sont épuisées; cette force qui n'existe pas ne saurait éprouver d'influence d'un agent hostile. Cette force vitale, continue Hahneman, après avoir été désaccordée par cette perception, peut procurer à l'organisme des sensations désagréables. » Une force vitale qui n'existe plus, une force vitale désaccordée, quelle triviale expression! procure des sensations désagréables! Un mort procure des sensations désagréables! « Il n'y a, dit Hahneman, que la force vitale désaccordée qui produise les maladies, N° 12. » Il paraît que Hahneman compare la force vitale à un instrument de musique qui, étant désaccordé, ne produit plus que des sons sans harmonie. Mais l'instrument de musique ne produit pas de sons par lui-même; il est vrai qu'il existe quoique désaccordé, mais la cause première de la vie physiologique étant épuisée par la cause morbifique, la force vitale physiologique n'existe plus et ne peut être désaccordée : ce que Hahneman nomme trivialement un désaccord est une nouvelle force vitale, une force vitale pathologique, un développement de l'irritabilité.

La maladie, suivant Hahneman, est un désaccord, et il faut produire un désaccord semblable analogue au désaccord morbide, mais plus fort, pour faire cesser ce désaccord. « Notre force vitale, dit-il, étant une puissance dynamique, l'influence nuisible sur l'organisme sain des agents hostiles, ne saurait donc l'affecter que d'une manière purement dynamique. Le médecin ne peut donc non plus remédier à ces désaccords qu'en faisant agir sur elle des substances douées de forces modificatrices également dynamiques, dont elle perçoit l'impression à l'aide de la sensibilité nerveuse, présente partout, N° 16. » Notre force vitale est sans doute une puissance dynamique, *dynamis*, force; c'est comme si l'on disait : notre force vitale est une force. « L'influence

nuisible , dit Hahneman , ne saurait donc affecter
cette force que d'une manière dynamique. » Dans les
incapacités , il y a insuffisance de force vitale , et cette
insuffisance provient du défaut de force , ou dynamisme,
de l'excitation. Dans les maladies positives, dans les irritations , il faut des substances relativement ou absolument
trop fortes ou trop dynamiques pour produire ces résul-
tats. Dans les incapacités , on réussit à rétablir l'harmonie
vitale à l'aide de moyens dynamiques convenables.
Dans les irritations , si elles sont pures , simples,
franches, si la puissance morbifique est simplement
irritante , si elle n'est ni virulente , ni miasmatique,
bref, si elle est sans ferment , s'il n'existe pas d'altération humorale avec le développement de l'irritabilité,
le médecin ne doit avoir pour but que de détruire cette
cause morbifique en l'expulsant s'il est possible, ou en
l'affaiblissant par des anti-dynamiques, en diminuant la
quantité du sang s'il est devenu trop stimulant depuis
le développement de l'irritabilité; car l'irritabilité est
au moins cent fois plus susceptible que l'excitabilité, et
le sang qui était convenablement stimulant pendant l'excitation , peut être irritant dès que l'irritation existe ,
parce que la propriété qui reçoit son stimulus est cent
fois plus susceptible. Je sais bien que ce n'est pas ce
que l'on enseigne : on enseigne que , quand une partie
est irritée, la sensibilité augmente et se met en rapport
avec le sang. (BICHAT, anatom. génér. syst. capill.
pag. 496.) Mais , si les irritations sont compliquées d'un
vice humoral, si la cause morbifique est un ferment,
il faut principalement s'occuper de la neutralisation de
ce ferment , sans quoi la maladie continue à faire des
progrès. « Quand une maladie est avec cause conjointe,
dit Prus (traité de l'irritation , couronné par la société
de médecine du Gard , 1822), alors même que l'irritation

est violente, elle ne mérite qu'une attention si secondaire qu'on ne doit pas hésiter d'avoir recours à des irritants. Certainement, dans les maladies dont je veux parler, ce n'est pas dans la vue d'irriter qu'on les emploie. . . mais l'inconvénient est si léger, en raison de l'avantage qui résulte de l'emploi de ces moyens. Tout autre moyen serait si insuffisant et si dangereux, par cela seul qu'il permettrait au mal de s'aggraver, qu'il est bien indispensable de négliger un moment l'irritation, qui d'ailleurs tombera et ne peut tomber qu'avec sa causé, pour ne s'occuper que de cette cause qui constitue essentiellement la maladie. » *Morbos a principio,* dit le sage Hippocrate, *curare oportet, et si quidem à fluxionibus fiunt, primum fluxiones sedare, si vero ab aliâ causâ, principium morbi sedare et curare oportet.* (Lib. de locis in homine).

Les moyens dynamiques, dont parle Hahneman, ne sont donc pas toujours convenables, et seraient souvent nuisibles.

« Une affection dynamique dans l'organisme vivant est éteinte d'une manière durable par une plus forte, lorsque celle-ci, sans être de même espèce qu'elle, lui ressemble beaucoup, quant à la manière dont elle se manifeste. (Organ. N° 26.) C'est-à-dire qu'un désaccord accidentel de la force vitale est éclipsé par un désaccord artificiel analogue, supérieur, de la même force vitale, comme la lumière de la lune est éclipsée par la lumière du soleil, lumière plus forte, comme un chagrin est éclipsé, remplacé par un chagrin plus violent, comme une faible couleur est éclipsée par une couleur analogue plus forte. Soit; mais toutes les irritations ne sont pas des maladies spécifiques; les irritations simples, franches, demandent des anti-irritants pour affaiblir la cause irritante, pour anéantir cette cause : *tolle causam et tollitur effectus.* Est-ce bien en produisant une irritation plus forte que les spécifiques réussissent à guérir un homme atteint d'une maladie spécifique? cette irritation plus forte n'est-elle pas un inconvénient? Est-ce bien dans la vue d'irriter qu'on emploie des spécifiques irritants? Quand on se sert du nitrate d'argent, de la potasse caustique contre l'anthrax malin, contre le zona, etc., est-ce dans la vue de causer plus de douleur aux malades que l'on emploie ces caustiques? Non, le but que l'on se propose, c'est de neutraliser un caustique virulent par un caustique sans virulence; on agit malgré l'inconvénient de l'exaspération de l'irritation, de l'exaspération de la douleur. Quand, longtemps avant Hahneman, Avicenne se servait de mouches qui se nourrissent de l'aconit de napel pour neutraliser le virus des maladies causées par le napel, Avicenne ne pensait pas à l'irritation qu'il ne connaissait pas, pas plus que Hahneman; il pensait se servir d'un contre-poison, d'un neutralisant. Est-ce bien en produisant une aggravation de la maladie que les médicaments des homœopathistes produisent, dans certains cas, un heureux résultat? n'est-ce pas plutôt en diminuant la nocuité, la malignité des causes occasionnelles de la maladie? *Tolle causam et tollitur effectus.*

Hahneman n'a aucune idée d'une propriété vitale, n'a aucune idée de la physiologie, n'a aucune idée de la pathologie. C'est donc avec raison que Griesselich et d'autres homœopathistes allemands ont dit de Hahneman qu'il était d'une extrême faiblesse au double point de vue de la physiologie et de la pathologie. Ces mêmes Allemands disent qu'il est très-fort sous les rapports de la pharmacologie et de la thérapeutique.

Voici la méthode thérapeutique de Hahneman : « Le désaccord, que nous appelons maladie, ne peut être converti en état de santé que par un autre désaccord provoqué au moyen de médicaments. La vertu curative de ces derniers consiste donc uniquement dans le changement qu'ils font subir à l'homme, c'est-à-dire dans la provocation de symptômes morbides spécifiques. Les expériences faites sur des sujets bien portants sont le meilleur et le plus sûr moyen de reconnaître cette vertu. Il est impossible de guérir une maladie naturelle à l'aide de médicaments qui possèdent, par eux-mêmes, la faculté de produire chez l'homme bien portant un état morbide ou un symptôme artificiel dissemblable. La méthode allopathique ne procure donc jamais réellement la guérison. » (Organon, *N*º 70, 2º 3º.)

Ainsi l'homœopathie consiste à prescrire aux malades les médicaments qui, administrés en santé, produisent des symptômes analogues à ceux de la maladie qu'il s'agit de combattre.

La vie pathologique n'est pas un désaccord de la vie physiologique qui n'existe plus là où existe la vie pathologique. La vie pathologique est le développement de l'irritabilité, la vie physiologique est le développement de l'excitabilité. L'excitabilité est épuisée par la puissance irritante, qui n'arrive à l'irritabilité que par l'épuisement de l'excitabilité. Il n'y a rien de commun entre l'irritation, cause prochaine de la vie pathologique, et l'excitation, cause prochaine de la vie physiologique.

Ce principe de Hahneman est une absurdité, et tout ce qu'il dit à ce sujet n'est que verbiage. Ce que Hahneman nomme médecine allopathique reconnaît que, dans l'irritation, il y a altération de la sensibilité physiologique; c'est une erreur sans doute, mais Hahneman ne reconnaît qu'une seule et même sensibilité nerveuse toujours la même, ce qui est pis.

Hahneman n'a aucune idée du principe *contraria con-trariis curantur,* le seul que l'on puisse admettre en médecine. Ce principe veut dire : la maladie est un effet, un résultat de l'action d'une puissance irritante sur l'irritabilité. Or, pour faire cesser un effet, il faut préalablement anéantir la cause occasionnelle de cet effet : *tolle causam occasionalem, et tollitur effectus.* Détruire une cause occasionnelle, voilà donc ce qu'un médecin doit se proposer suivant ce principe du sage Hippocrate : *morbos a principio curare oportet.* Ainsi, quand la puissance morbifique est un irritant simple, franc, sans ferment, sans vice humoral spécifique, par exemple, quand la maladie est une fluxion de poitrine franche, on a recours à la saignée pour diminuer la masse du sang, quand ce sang est trop stimulant, vu la grande susceptibilité de l'irritabilité, susceptibilité au moins cent fois plus grande que celle de l'excitabilité; on a recours à la révulsion, on a recours aux substances anti-irritantes, afin que leur mélange avec nos liquides et les causes irritantes diminue l'intensité des puis-sances irritantes et affoiblisse leur puissance, *contraria contrariis curantur.*

Quand la puissance morbifique est un irritant avec ferment, quand c'est un virus, un miasme, ces moyens sont insuffisants. « Quand on a mêlé un ferment avec une liqueur fermentable, dit Huxam (*Essai sur les fièvres*), il n'est plus possible d'en arrêter la fermenta-tion en tirant une partie de la liqueur, car chaque partie de la liqueur en fermentation est un ferment : c'est ainsi qu'agit la contagion : aussitôt qu'elle est reçue dans le sang, elle agit sur chacune de ses parties. En rafraîchissant et en ajoutant des acides, on peut, il est vrai, modérer la fermentation, etc. » Il est facile de comprendre que, si l'irritation est compliquée d'un vice humoral, s'il y a développement de l'irritabilité et développement de la fermentescibilité de nos fluides, la première chose qu'il y a à faire, c'est d'attaquer cette cause occasionnelle spécifique et les effets produits par cette cause dans les fluides. C'est aussi ce que recommande le sage Hippocrate : *morbos a principio curare oportet, et si quidem a fluxionibus fiunt, primum fluxiones sedare.* Sans doute il ne faut pas négliger les moyens ordinaires, mais ces moyens sont insuffisants et ne sauraient empêcher la mort du sujet. Voici ce que dit à ce sujet Prus, lauréat de la société de médecine du Gard : « Une éruption dartreuse couvre la jambe ; aux approches de l'hiver, le froid répercute subitement la dartre ; en même temps douleurs abdominales particulièrement à l'épigastre, et le reste des symptômes de gastrite et d'entérite (c'est-à-dire une irritation interne, plus forte que l'irritation externe, ayant attiré par révulsion les fluides dartreux qui irritaient la jambe et l'irritation externe étant disparue, ayant cessé par délitescence): Les sangsues apaisent ces douleurs et les principaux accidents ; mais l'irritation, quoique diminuée, persiste opiniâtrément. On réapplique des sangsues, l'irritation diminue encore. Au dernier degré de faiblesse, le malade meurt. Qu'a-t-on fait? on a combattu une irritation, mais le principe de ce symptôme est resté attaché au viscère sur lequel il s'était jeté (sur lequel il a été attiré par révulsion). On a agi dans un sens, la maladie dans un autre, et les effets du traitement, combinés avec ceux du mal, ont précipité le patient au tombeau. » Les maladies causées par un stimulus virulent ou miasmatique, par un stimulus contagieux, par un stimulus qui développe l'irritabilité et la fermentescibilité des fluides, demandent des médicaments spécifiques, des médicaments propres à neutraliser le ferment contagieux par des médicaments contraires à ce ferment, puisqu'ils le neutralisent ; voilà ce qui manque à la médecine. Quoique les principes de Hahneman soient erronés, si l'expérience, quoique périlleuse, *experientia periculosa,* dit Hippocrate, si l'expérience, dis-je, prouve que des médicaments qui occasionnent sur l'homme sain, mais prédisposé, des symptômes analogues aux symptômes produits par la cause morbifique, ont la propriété de neutraliser cette cause morbifique, on ne doit pas balancer à se servir de cette méthode dans le cas de maladies spécifiques, sans doute sans négliger les moyens accessoires que l'expérience a prouvé être utiles. Les allopathistes repoussent les homœopathistes, les homœopathistes repoussent les allopathistes, la mort se rit des uns et des autres et étouffe le pauvre malade : la médecine n'est ni allopathe ni homœopathe, elle est philosophique, *medicina est sapientia.*

Les médecins que Hahneman nomme allopathistes ne se proposent pas pour but de produire des symptômes contraires aux symptômes morbides. Leur but est de faire cesser les symptômes morbides en détruisant, affaiblissant, en neutralisant la cause morbifique, conformément à ce principe de philosophie, *tolle causam et tollitur effectus,* conformément au principe du sage Hippocrate qui dit : *morbos à principio curare oportet, et si quidem à fluxionibus fiunt, primum fluxiones sedare; si vero ab aliâ causâ, principium morbi sedare ac curare.* (**Hipp.** Lib. de locis in homine). Il faut, pour guérir les malades, détruire la cause de leurs maladies. Si la cause est un virus, un miasme, un ferment, quelque chose qui flue dans l'organisme et qui communique aux fluides son état contagieux, il faut préalablement neutraliser ce principe contagieux, le détruire;

car si l'on ne détruit pas la cause, on ne détruira pas l'effet ; mais si la cause n'est pas un ferment, il n'y a pas de ferment à détruire, si la cause est un irritant simple, il faut détruire cet irritant simple par tous les moyens possibles, par les anti-irritants, etc. ; car il faut toujours détruire la cause si l'on veut faire cesser l'effet, *tolle causam et tollitur effectus.*

Le sage Hippocrate s'occupait sérieusement de cette cause des maladies et des reliquats de cette cause. *Quùm morbum quidem efficiens sanatur in carne vero quid relictum est cui non est exitus ; quœ relinquuntur in morbis post judicationem recidivos facere consueverunt. Id quod influxit, si quidem multum fuerit, educere ; sin modicum per diœtam moderari ac componere.* (Eodem libro.)

Dans un ferment il y a deux choses : il y a l'esprit, si je puis me servir de cette expression, et le support, le corps. Ce que je nomme esprit réside dans des parties fort subtiles qui peuvent s'évaporer et abandonner le corps qui n'est plus contagieux. (Voyez Quesnay, 1er mémoire de l'académie royale de chirurgie). Quand on a neutralisé un ferment, le support reste. Ce support ne peut être que nuisible dans l'organisme, il ne peut pas être digéré, il faut donc le chasser par des moyens convenables. On ne s'occupe pas assez de ce support. Pourquoi les récidives ont-elles lieu si souvent dans les fièvres surtout, etc., c'est parce que cet esprit n'était pas complètement anéanti ; il en restait un peu dans le support qui est resté, la fermentation recommence, le ferment renaît, ou, pour mieux dire, reprend de l'énergie, et la maladie récidive.

LA PHILOSOPHIE.

Madame, il est évident que Hahneman n'a aucun principe de médecine, n'a aucun principe de philosophie, sans laquelle, comme dit Bacon, la médecine est un art imposteur. Il est évident que Hahneman, en négligeant, en méprisant les conseils du sage Hippocrate, conseils émanés d'un esprit sage, conseils que la raison et l'expérience approuvent, a démérité. Cependant faut-il mépriser son empirisme? On ne saurait connaître les maladies que par leurs symptômes. Des médicaments susceptibles de produire, sur un homme sain, en état de prédisposition, des symptômes analogues à ceux que présente la maladie, sont-ils capables de neutraliser les causes occasionnelles de cette maladie, quand les causes occasionnelles de cette maladie sont virulentes ou miasmatiques, et que les médicaments qu'on leur oppose sont sans virulence? Tout homme de bon sens sait que, pour faire cesser un effet, il faut détruire sa cause. Les manipulations dont font usage les médecins homœopathistes peuvent-elles enlever aux substances toxiques leur action toxique? Ces substances qui conservent leurs actions spéciales sont-elles capables de neutraliser la virulence des causes occasionnelles morbifiques? Voilà les questions auxquelles il faut répondre. Je ne demande pas que l'on explique le *modus agendi* des médicaments sur les causes morbifiques; je ne demande pas que l'on explique comment ces médicaments neutralisent le ferment morbifique, je ferais une demande oiseuse; aucun homme ne connaîtra jamais la nature d'un virus, d'un miasme, la nature d'un ferment, aucun homme ne saurait donc comment agit un neutralisant : on ne saurait donc répondre à ma demande. Ici il faut se contenter de l'empirisme, *empeira*, expérience. Si l'expérience démontre que l'empirisme de Hahneman peut être utile dans les maladies compliquées d'un vice humoral, vu que les médecins manquent de spécifiques, vu que leurs moyens ordinaires sont insuffisants contre les maladies spécifiques, on ne doit pas balancer à adopter cet empirisme dans les cas de maladies compliquées d'un vice humoral. Quant aux maladies franches, elles n'ont pas besoin de cet empirisme. Surtout que l'on ne méprise pas les conseils d'Hippocrate, que l'on ne proscrive pas la saignée, la purgation, la révulsion, si utiles quand on les emploie en circonstances convenables, *medicina parva occasio est.* Que l'on se souvienne que l'irritabilité est cent fois plus susceptible que l'excitabilité, et que le sang, dont le stimulus convenait dans le temps de l'excitation, est devenu irritant dans le temps de l'irritation; que l'on se souvienne que la révulsion peut arracher d'un organe important et une partie de son irritabilité et une partie des fluides accumulés, et affaiblir ainsi l'irritation morbide : *irritatio irritationem tollet;* que l'on apprenne que les fluides altérés, d'effets deviennent causes, *id quod influxit, educere.* (Hipp.)

LA MÉDECINE.

Madame, la sagesse brille dans vos conseils, vous démontrez à tout homme de bon sens que la philosophie est la science des sciences, *philosophia scientia scientiarum.*

Le Dr LE VEUX,

Auteur de l'*Essai de Médecine Philosophique.*

Sarzeau (Morbihan), 1860.

www.ingramcontent.com/pod-product-compliance
Lightning Source LLC
LaVergne TN
LVHW012103030726
842523LV00002B/684